Agenda 2021-2030 Expuesta!

Chips de Vacunas y Pasaportes COVID-19, el Gran Reajuste y la Nueva Normalidad; Noticias No Divulgadas y Reales

Rebel Press Media

Descargo de responsabilidad

Nuestros otros libros

Consulte nuestros otros libros para ver otras noticias no divulgadas, hechos expuestos y verdades desacreditadas, y mucho más.

Únase al exclusivo Círculo de Medios de Comunicación de Rebel Press.

Todos los viernes recibirás en tu bandeja de entrada nuevas actualizaciones sobre la realidad no denunciada.

Inscríbase hoy aquí:

https://campsite.bio/rebelpressmedia

Introducción

El arzobispo dice que el "Estado profundo" y la "Iglesia profunda" trabajan de la mano para establecer un imperio mundial anticristiano - La estrecha cooperación del Vaticano con China es "una traición vergonzosa a la misión de la Iglesia

El programa "Great Reset - Build Back Better", tal y como se está llevando a cabo en Occidente, no es otra cosa que la "instauración del reino del Anticristo", según el arzobispo Carlo Maria Viganò. En los últimos meses, Viganò, uno de los opositores más acérrimos del Papa Francisco, se ha pronunciado en repetidas ocasiones en términos contundentes sobre lo que se está haciendo bajo la apariencia de luchar contra un virus. Por ejemplo, calificó el colosal fraude electoral en Estados Unidos como un "ataque de las tinieblas a la humanidad", y en otoño de 2020 escribió una carta a Donald Trump advirtiendo al presidente de que el Great Reset es una "conspiración global contra la humanidad y contra Dios".

Índice de contenidos

Descargo de responsabilidad 1

Nuestros otros libros 2

Introducción 3

Índice de contenidos 4

Capítulo 1: El nuevo líder 5

Capítulo 2: Exponer la verdad 9

Capítulo 3: La iglesia profunda 12

Capítulo 4: Reconstruir la sociedad 16

Capítulo 5: Vacunas expuestas 23

Capítulo 6: Terror psicológico y guerra contra la humanidad 26

Capítulo 7: Resumen de la Agenda 2021 45

Nuestros otros libros 56

Capítulo 1: El nuevo líder

El Papa Francisco, católico romano, es el "líder espiritual de la nueva religión globalista universal".

El arzobispo habló, entre otras cosas, del papel central que, en su opinión, desempeña China en el "Estado profundo" mundial. China quiere expandir su poder económico por todo el mundo, y en su país mientras tanto "restaurar la tiranía maoísta". Esto requiere la abolición de las religiones (especialmente las católicas). Estas serán sustituidas por la religión del Estado, que tiene mucho en común con la religión globalista universal, de la que Bergoglio (el Papa Francisco) es el líder espiritual.

Viganò llama constantemente al Papa Francisco por su verdadero nombre, ya que no lo reconoce como el verdadero Papa. Benedicto fue supuestamente depuesto por la "Iglesia profunda" y sustituido por el jesuita Bergoglio, recibiendo ayuda directa de la administración Obama. Esa conspiración fue demostrada por WikiLeaks, que publicó los correos electrónicos hackeados de Hillary Clinton y John Podesta*, antiguo jefe de personal de su marido Bill y más tarde breve asesor de Obama.

(John Podesta fue una de las figuras centrales en el infame "pedo-pizza gate", que fue desestimado por los medios de comunicación como una teoría de la*

conspiración, pero que quedó muy claro en los correos electrónicos hackeados).

La estrecha colaboración entre el Vaticano y China "es una grave traición a la Iglesia

'La complicidad de la Iglesia profunda de Bergoglio en este proyecto diabólico ha robado a los católicos chinos la defensa imperecedera que el papado siempre fue para ellos. Hasta Benedicto XVI, el papado se ha negado a establecer acuerdos con la dictadura de Pekín... Las sospechas de que China estuvo involucrada en la renuncia de Benedicto son muy fuertes, y son consistentes con el cuadro que hemos visto desarrollarse en los últimos meses.'

'Como resultado, ahora nos enfrentamos a una vergonzosa traición de la misión de la Iglesia de Cristo, llevada a cabo por sus más altos dirigentes, en abierto conflicto con los miembros de la jerarquía clandestina católica china que han permanecido fieles a nuestro Señor y a su Iglesia'. Espera, por tanto, que todavía queden gobiernos en el mundo que no hayan sido corrompidos y socavados por el Estado profundo, y que se preocupen por la suerte de los fieles en China y tomen medidas. *(Al menos en Occidente, esos gobiernos ya no existen)*

La estrecha cooperación entre el Vaticano y China es "una grave traición a la Iglesia por parte de sus dirigentes". Podríamos suponer también que en algunos casos esta traición es cometida no sólo por individuos, sino también por las propias instituciones, como es el caso de la Unión Europea, que actualmente está ultimando un acuerdo comercial con China, a pesar de la sistemática violación de los derechos humanos y la violenta represión de los disidentes en ese país". *(Y tal vez esto se deba también a que la UE se ha ocupado durante muchos años de convertirse en una copia de China en términos tecnocráticos-autoritarios).*

Joe Biden es un "desastre inimaginable" para el mundo, "el hombre sirve a una agenda anticristiana

Joe Biden en la Casa Blanca significa, según el arzobispo, "un desastre irreparable" para el mundo. Al mismo tiempo, "es indiscutiblemente una marioneta en manos de la élite, que está dispuesta a destituirlo en cuanto decida sustituirlo por Kamala Harris". Cabe señalar que el vicepresidente de extrema izquierda de Biden se dirige regularmente a él como "presidente". El demente Biden, que apenas puede pronunciar dos frases completas seguidas sin perder el hilo, será por tanto consciente él mismo de que presumiblemente será sustituido por Harris durante su primer mandato, que convertirá permanentemente a EEUU en una férrea dictadura comunista climática-vacuna, tal y como está ocurriendo ahora en la UE.

'El servilismo de Bergoglio a la agenda globalista es claro, así como su apoyo activo a Joe Biden.' Por eso, el actual Papa se mostró tan hostil con Trump, 'que a sus ojos era un obstáculo que había que eliminar para que se pueda poner en marcha el Great Reset...'. Joe Biden sirve a la ideología globalista y a su agenda perversa, antihumana, anticristiana y diabólica.'

'La corrupción y los delitos de los dirigentes de la Iglesia deben ser revelados'

Para detener a la Iglesia profunda y restaurar la Iglesia católica, "hay que revelar el alcance de la implicación de los dirigentes de la Iglesia con el proyecto globalista masónico, y la naturaleza de la corrupción y los crímenes cometidos por estos hombres". Bajo Francisco, dice, la Iglesia ha sido "tomada por mercenarios".

Los católicos, sin embargo, todavía tienen, en su opinión, "tiempo para detener este derrocamiento global, y el establecimiento del Nuevo Orden. Que piensen en qué tipo de futuro quieren para las generaciones venideras, y en la destrucción de la sociedad. Que piensen en su responsabilidad ante Dios, sus hijos y su nación.

Sin embargo, lo dijo en un momento en el que algunos todavía esperaban que el golpe electoral ilegal en EE.UU. todavía pudiera revertirse, y que Biden se mantuviera fuera de la Casa Blanca. Sin embargo, si eso no tuviera éxito, "Estados Unidos será borrado de la historia".

Los grandes medios de comunicación son un aliado indispensable del Estado profundo

'El plan del Gran Reajuste utiliza a los grandes medios de comunicación como un aliado indispensable; las empresas mediáticas (occidentales) son casi todas parte activa del Estado Profundo, y saben que el poder que se les garantiza en el futuro depende exclusivamente de su sumisión servil a esta agenda.'

El hecho de que a los opositores al Great Reset se les llame invariablemente "teóricos de la conspiración" es, según él, "la confirmación de la existencia de esa conspiración, y del hecho de que sus ejecutores están muy consternados de que esto se haya descubierto y se haya contado al público". Sin embargo, ellos mismos dicen que nada seguirá igual ("la nueva normalidad"), y "reconstruyen mejor", para hacernos creer que los cambios radicales que quieren imponer son necesarios a causa de la pandemia, el cambio climático y los avances tecnológicos.

Hace años, el término "Nuevo Orden (Mundial)" fue tachado de "pensamiento conspirativo", pero ahora todos los líderes mundiales, incluido el Papa, hablan abiertamente de ello, proponiendo exactamente ese sistema totalitario global sobre el que los llamados "pensadores conspirativos" han estado advirtiendo durante tanto tiempo. Figuras como Klaus Schwab (WEF) y Bill Gates ni siquiera se avergüenzan de decir que se necesitaba una pandemia para impulsar este

"Gran Reset", esta inversión total de nuestra sociedad, con la plena cooperación de los gobiernos nacionales.

La base de una futura sociedad sin padres, sin religión, y la imposición de un culto diabólico'

Si consiguen hacerse con el control total de nuestros países, tendremos una sociedad con 'familias sin padre ni madre, poliamor, sodomía, niños que pueden cambiar de sexo, la abolición de la religión y la imposición de un culto diabólico, el aborto y la eutanasia, la abolición de la propiedad privada, una dictadura "sanitaria" (vacunas) y una pandemia eterna. ¿Es este el mundo que queremos, que quieres para ti, tus hijos, tu familia y tus amigos?".

'Todos debemos tomar conciencia de cuánto odian los partidarios de este Nuevo Orden Mundial y del Gran Reajuste los valores inalienables de nuestra civilización greco-cristiana, como la religión, la familia, el respeto a la vida y a los derechos inviolables del individuo humano, y la soberanía nacional.'

Capítulo 3: La iglesia profunda

'Un grupo de conspiradores estuvo y sigue estando activo en el corazón de la Iglesia para los intereses de la élite. La mayoría de ellos son visibles, pero los más peligrosos son aquellos que no se muestran, que nunca son mencionados en los periódicos. No dudarán en obligar a Bergoglio a dimitir si no sigue sus órdenes, como hicieron con Ratzinger. Quieren convertir el Vaticano en una residencia de ancianos para papas eméritos, destruir el papado y hacerse con el poder, exactamente lo mismo que ocurre en el Estado profundo, donde Biden es el equivalente de Bergoglio.

'**Para derrocar al Estado Profundo y a la Iglesia Profunda, son necesarias tres cosas:**

Debemos ser conscientes del plan globalista, y de hasta qué punto es instrumental para el establecimiento del reino del Anticristo, ya que comparte los mismos principios, medios y objetivos;

En segundo lugar, debemos rechazar firmemente este plan diabólico, y pedir a los pastores de la Iglesia -así como a los creyentes de a pie- que lo defiendan y rompan su silencio cómplice: De lo contrario, Dios les exigirá responsabilidades por su apostasía;

Por último, es necesario rezar y pedir al Señor que nos dé fuerza a cada uno de nosotros para resistir la tiranía ideológica que se nos impone a diario, no sólo por los medios de comunicación, sino también por los cardenales y obispos que están bajo el pulgar de Bergoglio'.

Si demostramos que nos mantenemos firmes en esta tentación, si... no nos dejamos seducir por "falsos cristos y falsos profetas", entonces el Señor nos dará -al menos por el momento- la derrota del ataque de los hijos de las tinieblas a Dios y a los hombres. Pero si, por miedo, seguimos al príncipe de este mundo... seremos condenados junto con él a la derrota inexorable y a la condenación eterna".

'Me estremezco por aquellos que no se dan cuenta de esta responsabilidad ante Dios por las almas que se les han confiado. Pero a los que luchan con valor para defender los derechos de Dios, la nación y la familia (de los creyentes), el Señor les asegura su protección'.

¿Crees a veces que los seguidores de Satanás son honestos y sinceros?

'No has fallado en esta batalla, ya que es tu sagrado deber hacer tu propia contribución tomando el lado del Bien. Otros, adictos a las corrupciones, o cegados por un odio infernal a nuestro Señor, han elegido el lado del Mal.'

No creas que los hijos de las tinieblas actúan de manera honesta, ni te escandalices de que se valgan del engaño. ¿O acaso crees que los seguidores de Satanás son honestos, sinceros y leales? El Señor nos ha advertido sobre el diablo, que "es un asesino de hombres desde el principio, y no se mantiene en la verdad, porque no hay verdad en él. Cuando habla la mentira, habla según su naturaleza, porque es mentiroso y padre de la mentira". (Juan 8:44)

Recojan sus armas espirituales ahora que el infierno parece estar ganando

'Ahora que las puertas del infierno parecen estar ganando, permíteme apelar a ti. Confío en que respondáis a él de forma inmediata y generosa. Os pido que pongáis vuestra confianza en Dios, un acto de humildad y de devoción fraternal al Señor de los Hosts.... Reza con un alma honesta, con un corazón puro, con la seguridad de que serás escuchado y atendido. Rezad para que las fuerzas del Mal sean derrotadas y los poderes del Bien prevalezcan'*.

Vigano hace un llamamiento a todos los creyentes de todas las edades para que recen y tomen sus "armas espirituales, de las que Satanás y sus secuaces tendrán que retroceder furiosamente... No os dejéis desanimar por los engaños del Enemigo, sobre todo en este tiempo terrible en el que las mentiras y los fraudes flagrantes se burlan del Cielo. Si rezáis con fe, los días de nuestros adversarios estarán contados".

¿Tiene alguna posibilidad el "renacimiento espiritual"?

En conclusión, el Arzobispo espera que la gente de todo el mundo hable con una sola voz en sus iglesias, hogares y calles, y se una espiritualmente para luchar y ganar esta batalla espiritual para que haya "un renacimiento espiritual" no sólo en los Estados Unidos, sino en todo el mundo.

Sin embargo, esto requerirá algo que nunca se ha logrado hasta ahora, a saber, que la gente mire más allá de sus propios marcos religiosos o ideológicos, respete los puntos de vista y las opiniones diferentes y divergentes de los demás, y se concentre conjuntamente en el objetivo común de no permitir que este mundo caiga definitivamente en manos de las fuerzas globalistas del Mal, que han comenzado su toma final del poder desde este año, y ahora están imponiendo su dictadura climática-vírica a la humanidad a un ritmo implacable.

Hasta ahora, podemos ver que la vieja táctica de "divide y vencerás" funciona, por desgracia, a la perfección incluso entre la parte despierta de la población. En el momento en que empecemos a imponernos unos a otros que necesariamente debemos ver algo o explicarlo de tal o cual manera, que debemos utilizar estos o aquellos términos, y que de lo contrario estamos "equivocados", no tenemos ninguna posibilidad. Y entonces puedes esperar y rezar hasta que se te ponga la cara azul, pero eso no tendrá absolutamente ningún efecto, ya que todo cambio real empieza por uno mismo.

Capítulo 4: Reconstruir la sociedad

Los millones de cristianos y conservadores que votaron por Trump necesitan ser "reeducados" a la fuerza: Estados Unidos no es un país cristiano desde hace mucho tiempo, y las iglesias también tienen que agradecerlo.

Un influyente grupo de delegados demócratas respalda un documento de la organización Secular Democrats of America en el que se le exige que silencie a la "derecha blanca y cristiana", que borre los "principios bíblicos" del país y que renuncie a la "base judeocristiana" de la sociedad. En un discurso, el presidente Obama declaró en una ocasión que "Estados Unidos ya no es una nación cristiana". Biden parece encargarse definitivamente de ello. Lo que ocupará su lugar es una dictadura marxista, subordinada a las Naciones Unidas, con vacunas climáticas, al igual que en Europa.

Que el propio Biden tiene mucho en común con la agenda anticristiana de extrema izquierda está fuera de toda duda. El 15 de septiembre de 2018, llamó literalmente "escoria de la sociedad" a una parte de la derecha cristiana que había votado por Trump dos años antes.

Entre la convocatoria apoyada por al menos 13 delegados demócratas se encuentra Rashida Tlaib, que se cubrió con una bandera palestina en las últimas elecciones, prometiendo que "vamos a deponer a este M.. F.. (Trump) va a deponer". Otro promotor, Steve Cohen, tiene vínculos con el Partido Socialista de Memphis USA, y con miembros de Liberation Road, una organización comunista prochina. El cofundador Jamie Raskin escribió artículos para los Socialistas Democráticos de América.

Los cristianos tradicionales tendrían una influencia "sectaria y peligrosa

Según Brannon Howse, un presentador de radio conservador, los demócratas tienen un problema no con las iglesias en general, sino con las de "derecha", que se atienen a los principios bíblicos tradicionales. Mientras prediques la religión socialista progresista de izquierdas, les parece bien, pero si predicas algo basado en los valores judeocristianos, quieren acabar contigo".

Los redactores exigen incluso que Biden rompa abiertamente con el término "judeocristiano" y actúe contra la "influencia sectaria y peligrosa" de los cristianos en el gobierno. La oposición de la América conservadora al aborto, a la investigación con células madre y a la agenda del carbono/clima se califica como parte de una "guerra cultural" contra la "ciencia". También se culpa a Trump y a la comunidad cristiana de los supuestos "cientos de miles de muertes" causadas por Covid-19.

Los cristianos se interponen en el camino de la América comunista

El autor y cineasta Trevor Loudon, que ha estado involucrado con la izquierda durante décadas, señaló que los cristianos son demonizados en el documento como "nacionalistas" con una agenda "extremista, sectaria" y "supremacista blanca". Esto puede tomarse como una recomendación para enviar a los cristianos conservadores a campos de reeducación", dijo Loudon. Hablan de reeducar y reprogramar a los cristianos tradicionales, que desde su punto de vista son personas peligrosas, racistas y nacionalistas".

Lo que realmente dicen es que quieren lavarle el cerebro con sus ideas. Los comunistas estarían orgullosos de este documento... El partido demócrata es ahora un partido marxista. Este documento está dirigido contra el mayor enemigo de los marxistas en este país, y es el cristianismo tradicional. Eso está muy claro".

'Los izquierdistas y comunistas ya controlan Hollywood (la industria del cine y el entretenimiento), la educación, los medios de comunicación y la mayoría de las instituciones. Lo único que no controlan son los cristianos conservadores creyentes en la Biblia, que votaron por Reagan en su momento, y ahora por Trump.'

Los cristianos impidieron que la candidata soñada por la élite, Hillary Clinton, llegara a la presidencia. 'Ella debería haber completado la comunistización de América... Así, la izquierda entiende que tiene que suprimir el cristianismo, o pervertirlo en su propia dirección.'

En los escritos, estos "Demócratas Seculares de América" piden a Biden que:

Cortar todos los fondos para los centros de crisis de embarazo y los programas educativos que promueven la abstinencia sexual;

* Acabar con la libertad de expresión religiosa, derogar la Ley de Restauración de la Libertad Religiosa (RFRA) y rescindir las protecciones federales de libertad religiosa puestas en marcha por Trump;

Hacer que las vacunas sean obligatorias para los niños, y quitarles a los padres la posibilidad de opinar al respecto;

* Eliminar el término "In God We Trust" de los dólares físicos estadounidenses;

* Acabar con el apoyo de Trump a las agencias de adopción y acogida que funcionan con principios religiosos;

* Proporcionar altas subvenciones para la "educación sexual integral" a los niños en edad escolar, incluyendo la promoción de muchas docenas de tipos de "géneros";

* Oponerse al "Proyecto Blitz", que promueve los valores tradicionales de la familia y socavaría la agenda LGBTQ;

* Dejar de utilizar el término "valores judeocristianos" porque decenas de millones de estadounidenses dejarían de sentirse representados por él.

Bajo el régimen de Biden-Harris, al igual que en China, es probable que sólo se permita que las iglesias continúen existiendo si predican la "línea del partido" de forma ininterrumpida y acrítica o, en otras palabras, si obligan a sus seguidores a una obediencia absoluta al gobierno y a las políticas gubernamentales. Esto significa que ya no habrá lugar para las iglesias y los creyentes que sigan adhiriéndose a los valores cristianos clásicos relativos a Dios, el amor a la patria, la familia y la inviolabilidad del individuo.

Estados Unidos no ha sido un país cristiano durante mucho tiempo

Por último, nos gustaría señalar que Estados Unidos no es en realidad un país cristiano (ya no) desde hace mucho tiempo. Numerosos presidentes que se identifican como "cristianos" han librado guerras sangrientas, la penúltima de las cuales, Barack Obama, llegó a causar 10 veces más víctimas civiles que su denostado predecesor George Bush. El odio que los extremistas musulmanes albergan hacia los cristianos y el cristianismo se debe en gran medida a esto, y por lo tanto es bastante comprensible.

Un presidente que se sienta en la iglesia el domingo, y el lunes da la orden de bombardear su país y sumirlo en el caos, y que no considera que unas pocas víctimas civiles sean más o menos, no es ciertamente un anuncio de la fe cristiana. Lo mismo puede decirse de la enorme riqueza y codicia que caracteriza a los políticos, banqueros y empresarios estadounidenses.

Además, gran parte de la América cristiana "normal" también ha llegado a centrarse en la búsqueda de dinero, riqueza, éxito, prosperidad y salud (el falso "evangelio de la felicidad", como lo llamó Corry ten Boom). Este evangelio egocéntrico y esencialmente violado, predicado por muchas "mega iglesias", se extendió por todo el mundo después de la Segunda Guerra Mundial, y ha envenenado no sólo a prácticamente todas las iglesias occidentales (en mayor o menor medida), sino también a las de Sudamérica, África y grandes partes de Asia.

Así, el cristianismo estadounidense predominantemente hipócrita se ha erosionado por completo, por así decirlo, y tendrá que recoger los amargos frutos de ello bajo el régimen de Biden-Harris. No es una perspectiva agradable, pero separará el trigo de la paja entre los cristianos, especialmente si resulta que la teología escapista de la prosperidad, que se mantuvo durante años que los creyentes no tienen que

pasar por (la) tribulación aquí, era una mentira
descarada.

Capítulo 5: Vacunas expuestas

El hombre transhumano se integrará en un sistema de control digital global, "Biosensor nanotecnológico implantable en 2021 en las vacunas Covid-19".

El brazo de desarrollo tecnológico del Pentágono, DARPA, y la Fundación Bill y Melinda Gates están colaborando con la empresa tecnológica Profusa en el desarrollo de un biosensor nanotecnológico implantable hecho de hidrogel (sustancia similar a una lente de contacto blanda). Este biosensor, más pequeño que un grano de arroz, puede inyectarse junto con una vacuna y se aplica justo debajo de la piel, donde se funde realmente con el cuerpo. El componente nanotecnológico permite controlar a distancia toda la información sobre uno mismo, su cuerpo y su salud a través de 5G. Se espera que el biosensor, que también puede recibir información y órdenes, sea aprobado por la FDA a principios de 2021, justo a tiempo para la campaña mundial de vacunación contra Covid-19.

DefenseOne ya escribió en marzo sobre este biosensor de hidrogel, que "se inserta bajo la piel con una aguja hipodérmica. Entre otras cosas, contiene una molécula especialmente diseñada que envía una señal fluorescente una vez que el cuerpo comienza a combatir una infección. La parte electrónica adherida a (/en) la piel detecta esta señal, y entonces envía una alerta a un médico, un sitio web o una agencia gubernamental. Es como un laboratorio de sangre en la piel que puede detectar, incluso antes de que haya otros síntomas como la tos, la respuesta del cuerpo a la enfermedad".

Por lo tanto, no es difícil adivinar por qué este sensor puede ser considerado de gran importancia por la élite en la (supuesta) lucha contra Covid-19. Cualquiera que tenga este biosensor -inamovible- inyectado en su cuerpo será puesto en cuarentena por el gobierno a la menor infección, y puede ser objeto de otras medidas coercitivas, incluso si la persona en cuestión no está enferma en absoluto, ni muestra ningún síntoma de ello.

Un biosensor monitoriza todas las funciones del cuerpo y las transmite vía 5G

Al utilizar el hidrogel, el biosensor no será visto por el cuerpo como un intruso y atacado, sino que se integrará en él. Además, según la empresa, el sensor no solo puede detectar infecciones, sino también controlar los niveles de oxígeno y glucosa en la sangre, así como los niveles hormonales, el ritmo cardíaco, la respiración, la temperatura corporal, la vida sexual, las emociones... en definitiva, TODO. A través del 5G, toda esta información podrá transmitirse pronto a todas las autoridades médicas y políticas.

Profusa está llevando a cabo un estudio con el Imperial College, también financiado por Bill Gates, que se hizo tristemente célebre por sus ridículas predicciones catastrofistas sobre Covid-19, que pronto resultaron ser totalmente falsas. Sin embargo, en ellas se basaron los cierres, el distanciamiento social y la destrucción parcial de la economía y la eliminación de muchas libertades civiles asociadas.

Los humanos transhumanos se integrarán en el sistema de control digital global

El biosensor, que podría incorporarse a las vacunas Covid-19 ya en 2021, está muy cerca de hacer realidad la aspiración de un humano transhumano, en el que todo el mundo sea totalmente controlable e incluso dirigible. El "nuevo humano", o el humano 2.0 tal y como lo concibe la élite tecnológica en torno a Bill Gates y Elon Musk, se transformará gradualmente en una especie de cíborg de aquí a 2025-2030, y se convertirá en parte integrante -y por tanto irreversible- de un sistema de control digital global, en el que habrán desaparecido por completo las libertades personales, e incluso el libre albedrío humano.

No en vano lo llamamos el sistema de "la Bestia". Por primera vez en la historia, la tecnología ha avanzado hasta el punto de que las profecías bíblicas sobre el "signo de la Bestia" pueden llevarse a cabo y cumplirse plenamente.

'Antes de 2020, nuestros gobernantes, el 1%, sólo exigían tu trabajo físico; ahora quieren invadir y tomar el control total de tu cuerpo' - 'Todavía hay esperanza para nosotros si dejas de participar y construyes nuevas comunidades'

La democracia ha sido abolida, el estado de derecho ya no funciona. Se habla de una verdadera "guerra contra el pueblo", llevada a cabo por nuestros propios gobiernos, que a su vez están controlados por las grandes empresas tecnológicas. Se trata del inicio del "tecnofascismo" y de una "dictadura transhumanista", que se impone a la población con la ayuda de medidas de terror psicológico (encierros, protectores bucales, toques de queda, vacunaciones).

Propaganda diaria para mantener a la gente obediente

Señalando que las medidas debían durar originalmente sólo unos meses, pero que ahora, más de un año después, se siguen aplicando y se amplían aún más a pesar de las crecientes protestas de científicos, médicos, economistas y otros expertos. Sin embargo, los gobiernos no escuchan en absoluto estas voces discordantes, y acudir a los tribunales ya no tiene sentido en ninguna parte, ya que los jueces sólo están para dar un sello legal a las políticas gubernamentales.

En Alemania, la resistencia a las medidas parece ser mejor y más organizada. Esa resistencia no es inútil y tiene claramente un efecto. Lo vemos "por la enorme propaganda que tienen que hacer cada día. Sin esa propaganda no podrían salirse con la suya en esta locura". Sin embargo, está por ver si esa resistencia acabará con los gobiernos.

Los derechos de los ciudadanos se dejan de lado con una "insolencia desmedida

El centro del problema es que la separación de poderes ha desaparecido, y con ella la base de la democracia. Esto no ha funcionado durante mucho tiempo. Ese proceso comenzó especialmente después de la contrarrevolución neoliberal de hace unos 30 años. Esto ha creado un cártel de poder de partidos que en realidad sólo persiguen los mismos objetivos.

Lo especial de estos tiempos es la "desinhibida insolencia con la que nuestros gobiernos dejan de lado la ley". El constante estado de excepción en Occidente es la "prueba clásica de que el Estado de Derecho ha sido destruido". El alto jurista y propagandista nazi Karl Schmidt ya había definido este estado de excepción en su libro Politische Theologie. Quien controla el estado de excepción controla también al pueblo. Señaló que esta situación también podía escenificarse.

Estado de excepción permanente; "no tiene nada más que decir

Schmidt hizo una distinción con respecto a un estado de emergencia, como una inundación. Un estado de emergencia es siempre temporal, pero un estado de excepción puede durar mucho más tiempo. De hecho, nuestros gobiernos están convirtiendo en permanente este estado de excepción que existe desde 2020. 'Han montado este estado de excepción con corona. En resumen, se puede decir que la democracia ha sido suspendida, ha sido abolida'.

'Saben que esos protectores bucales son una total tontería, numerosos estudios lo confirman. Pero no tienen nada más que decir. Tienes que callarte, ese es esencialmente el mensaje de ruptura de la constitución. Con eso viene todo tipo de opresión física. La opresión psicológica es mucho peor".

El rechazo a las medidas de la corona en la antigua Alemania del Este está, gracias al pasado comunista, "mucho más arraigado en la población que en el Oeste completamente degenerado", aunque allí también hay todo tipo de iniciativas (como Querdenken). Los medios de comunicación juegan un papel muy malo en la actual dictadura de la corona opresora, también al promover la Guerra Fría 2.0 (contra Rusia). 'Ahora están jugando el mismo papel vergonzoso y asqueroso con Corona que los talones del aparato gubernamental, las multinacionales y la industria financiera'.

Instrumento para activar el Gran Restablecimiento

'La gente ha elegido el virus como instrumento para un nuevo reinado, lo que se llama la 'Cuarta Revolución Industrial', el Gran Reset'. La mencionada revolución neoliberal fue el comienzo de esto. Puso fin al capitalismo social, en el que los ciudadanos podían seguir beneficiándose de la creciente riqueza y prosperidad. Por eso, en general, la gente de Occidente era mucho más feliz en los años 70 que ahora.

Gracias a los (neo)liberales, el Estado dejó de trabajar principalmente para los ciudadanos y empezó a trabajar principalmente para las multinacionales y la industria financiera. En esos 30 años se hizo exactamente lo que el neoconservador Zbigniew Brzezinski (con una redacción ciertamente diferente) había planeado, es decir, el embrutecimiento deliberado de la población en general ("dumbing down") con entretenimiento sin sentido en la televisión y similares. Mientras tanto, nuestros gobiernos fueron tomados. Sin que la población se diera cuenta, sus gobiernos se "redefinieron" internamente.

El radicalismo del mercado: Los causantes de la crisis fueron premiados, el pueblo tuvo que sangrar

A partir de 2007-2008 (colapso de Lehman Brothers, crisis financiera) el radicalismo del mercado irrumpió con toda su fuerza. Los causantes de la crisis, los bancos y los especuladores, los delincuentes organizados que habían cometido gigantescos delitos (financieros) y habían dilapidado billones, se limitaron a decir a los gobiernos que eran "demasiado grandes para fracasar" y que, por lo tanto, el pueblo debía pagar por el desastre que habían causado. Luego siguieron con sus prácticas, hasta el día de hoy. Nuestros gobiernos lo hicieron posible, y lo siguen haciendo.

Esta expropiación de la riqueza del pueblo y del Estado también se produjo a través de las privatizaciones. El poder de las corporaciones multinacionales creció cada vez más, precisamente porque fueron desreguladas. Ya no tenían restricciones, podían hacer lo que quisieran. Como los ingresos fiscales disminuyeron y las deudas de los estados aumentaron, estas corporaciones pudieron entonces apoderarse de casi todo (sanidad, transporte público, carreteras, etc.).

Golpe de Estado por etapas

Un golpe de estado incremental es una muy buena descripción para esto". Pero aún así no fue suficiente para los que están en el poder hoy. Ahora dicen que la globalización -incluidos los viajes aéreos irregulares y el traslado de la producción al este de Asia, que requería enormes flujos de transporte- no puede seguir así. Los mismos que provocaron esto están llevando a cabo el Gran Reajuste, y una vez más las dolorosas consecuencias de esto se están trasladando a la población ordinaria.

Uno de los grandes impulsores, Klaus Schwab (Foro Económico Mundial), calificó literalmente la corona de "ventana de oportunidad" (y reconoció que este virus no es más peligroso que la gripe.) Sin embargo, prometió que la sociedad puede no volver nunca a la normalidad).

¿Degeneración colectiva? Hasta el 90% de las personas se han dejado atemorizar

Es "alucinante la facilidad con la que se juega con el público" y lo acepta todo. Se están utilizando dos armas contra el pueblo: el miedo y los medios de comunicación. No se puede decir otra cosa que han ejecutado perfectamente este juego del miedo. Lo que no entendemos es cómo es posible llevar al 85% o 90% de la población a este estado de miedo'. Ensign sugiere como posible causa que puede haber habido 'una degeneración colectiva mucho antes de la crisis de la corona'.

Estudios recientes confirman que el neoliberalismo ha causado un enorme "daño mental" en la mente de las personas, una forma de embotamiento del bienestar. Si uno disfruta de demasiada prosperidad, se vuelve perezoso y débil. Ya no hay necesidad de esforzarse y de seguir pensando en otras ideas y opciones, de mantenerse alerta. La sensación es que el Estado se ocupa de ti de todos modos. O tienes un buen trabajo, aunque los trabajadores estén sometidos a una presión y un estrés cada vez mayores.

La psicología del miedo se alimentó con el aumento de las llamadas catástrofes (climáticas, energéticas, naturales, etc.). Además, cada año se realizan más de 100 ejercicios militares (de la OTAN) porque Rusia y China querrían provocar la Tercera Guerra Mundial. Por lo tanto, la sociedad ya estaba bastante impregnada de miedo permanente, sólo para recibir el golpe final con la corona.

Las personas que ocupan cargos siempre han sido seguidores.

No sólo el público en general, sino también los médicos, los doctores y los científicos, que saben muy bien que la corona no es una amenaza importante en absoluto, han apoyado sin embargo esta política. "La masa de gente que ocupa cargos siempre ha sido seguidora. No se hagan ilusiones; nosotros tuvimos un alto cargo en la administración pública durante 10 años... Antes de entrar hay que renunciar al intelecto. Los idiotas de la cúpula se limitan a decir que 'si decimos que la pared blanca es roja, entonces es roja'.

En resumen, casi todos estos expertos eligen ahora el camino más seguro. Si quieren sobrevivir, mantener su puesto de trabajo y su posición, tienen que estar de acuerdo con todo. Con ello viene mucho oportunismo y autosumisión, 'y de hecho, autonegación'. En la sanidad, muchos empleados ven lo que realmente ocurre'.

Los dirigentes gubernamentales invocan invariablemente la "ciencia", pero "no creo que haya tanta corrupción en ningún otro sitio". A continuación, señalamos que también hay muchos científicos que hacen objeciones bien fundadas, pero simplemente se les ignora. A más de 250 de los mejores científicos, incluido el mejor virólogo del mundo, John Ioannidis, simplemente no se les escucha. O peor aún: son perseguidos.

La democracia ha sido abolida, el gobierno se ha convertido en algo sin ley y sin derechos

El comportamiento de la policía en Occidente recuerda literalmente a los "tiempos de la Gestapo". Una vez más, la democracia ha sido abolida y los gobernantes se permiten todas las brutalidades que se puedan imaginar. Por ejemplo, el toque de queda. El juez lo rechaza, y cuatro horas después el gobierno comete una nueva canallada. ¿Qué es esto?" Alférez: "¿Eso significa que hay realmente anarquía?

"¡Sí, absolutamente! La anarquía, el desorden, la violación de la Constitución, ya no es otra cosa'. Alférez: 'Las leyes ya sólo van en una dirección: dictar al pueblo, y a la inversa, ya no ofrecen ninguna protección legal'. Todos los límites de una justicia intacta han caído.

Ensign cita entonces el artículo de Common Sense titulado "El tirano alemán", en el que el sociólogo escribe que "son los enemigos de la humanidad. Merkel odia a Alemania y al pueblo alemán. Eso seguramente tiene que ver con que creció en la dictadura (de la RDA). Era la candidata ideal para un golpe de estado en Alemania. Tales figuras no se despliegan sin la aprobación de los actores transatlánticos o de Estados Unidos". Ensign dice que esto es cierto para todos los países occidentales, y que nuestros gobiernos son "efectivamente colaboradores del enemigo".

El 11-S fue el comienzo de la guerra contra su propio pueblo".

Los gobiernos colaboran contra sus propios pueblos... hemos llegado a decir que hacen la guerra contra los pueblos... Esta forma de guerra comenzó con el 11-S. Se dirigió primero hacia el exterior, para destruir Oriente Medio. Pero también dio un mensaje perverso a su propio pueblo. El Departamento de Seguridad Nacional se convirtió en una especie de segundo Pentágono, pero para el propio país, con todas las derogaciones de derechos civiles y fundamentales, quitando la libertad a los ciudadanos, como resultado".

Entonces se disparó el número de atentados terroristas en Europa, lo que constituyó una forma más de alarmismo ("Operación Gladio" en Europa, una "estrategia de tensión" deliberada impulsada y ejecutada por los servicios de inteligencia).

Sin embargo, los ataques terroristas aún no tenían suficiente efecto, así que querían algo con lo que mantener a la población en un miedo sistemático. Eso se convirtió en la corona, 'la corona de la élite occidental', 'el encarcelamiento completo de los pueblos por este engaño de la corona (pandemia*)'... Como criminales organizados no pueden hacerlo mejor'. 'Podrías admirarlo si no fuera tan malvado'.

Ahora bien, llevar esto a la perfección requería años de preparación (por ejemplo, con el evento 201 en octubre de 2019). Eso también incluyó la gripe porcina (gripe del cerdo) y la gripe aviar. Alférez: '¿Así que nos enfrentamos a un enemigo de la humanidad muy bien organizado?' 'Sí, absolutamente'. Alférez: 'Entonces, ¿todavía tenemos una oportunidad?'

Quieren sumirnos a nosotros y a las generaciones futuras en la esclavitud de la deuda absoluta

Esa es la gran y apasionante cuestión. No podemos esperar nada más de nuestros gobiernos. Ciertamente, no tienen otra opción desde Corona. Están trabajando en el 'endeudamiento total' de todos los estados, utilizando Corona como excusa. El Deutsche Bank ya tiene luz verde de Merkel para 1,9 billones de euros en préstamos en abril de 2020. 'Su principal objetivo: sumir a las próximas generaciones en la esclavitud absoluta de la deuda, y ser dueños de todas las partes aún vitales ('activos', piensa en NL de las PYMES y los agricultores).'

Los políticos corruptos se han beneficiado personalmente de todas estas privatizaciones neoliberales. Sólo querían hacer carrera y no miraban ningún otro interés. 'Mira la política, ahora hay muchos ceros. No te engañes con eso. ¿Y qué tiene que perder un cero? Tienen todo que ganar. ¿Quién quiere participar ahora en un partido político?

Apenas queda ideología política, sólo la perpetuación de los puestos de poder", dice Stuurman. De ahí el tristemente célebre efecto de la puerta giratoria: la gente de la política suele acabar en las grandes empresas y en los bancos (y a veces viceversa). Todo gira en torno a nosotros y sólo a nosotros. Las cualificaciones y los logros ya no son importantes.

Los conglomerados internacionales y las ONG se han apoderado del gobierno "como un cáncer

Los organismos internacionales y las ONGs (*especialmente en los campos de la globalización y el clima*) han penetrado entonces "como un tumor canceroso" en el gobierno, y lo han hecho redactar y aplicar leyes contra su propio pueblo, su propio país y sus propias empresas. Mientras tanto, este aparato gubernamental engulle miles de millones. Esto seguiría siendo justificable si realmente quisieran hacer algo por el pueblo, pero ya no es el caso.

Luego está el ejemplo de los 600.000 millones que se han gastado en medidas coronarias sólo en Europa. Mientras tanto, se sigue afirmando que hay muy poca capacidad hospitalaria. Pero con esos 130.000 millones podríamos haber reconstruido cinco veces todo el sistema sanitario, incluido el personal. Pero no se ha gastado ni un céntimo en eso". Es un proceso de destrucción incomparable. Se dedican a la destrucción de la mañana a la noche'.

La gente que no puede ni quiere seguir viviendo así en nuestros estados antidemocráticos tiene que empezar a velar por sus propios intereses. Tienen que empezar a unirse, seguir protestando y manifestándose, separarse lo más posible de la política actual, y dejar de ver y seguir a todos los medios de comunicación dominantes, porque sólo condenan cualquier disidencia.

10% - 20% de la humanidad creará un nuevo camino

Puede que la población se esté dividiendo en dos grupos, "pero esa división existe desde hace mucho tiempo", antes se podía hablar con la gente de muchas cosas, pero desde Corona eso se ha acabado. Se ha producido un cisma que atraviesa a los amigos, los colegas y las familias. De todos modos, no entienden nada. Puedes decirles lo que quieras, señalar la experiencia de otros científicos, pero simplemente no quieren oírlo. Se tilda de "tontería" cualquier otro sonido, mientras que ellos mismos ni siquiera lo han investigado.

'¡No leen nada! Ha habido excelentes publicaciones (de científicos reputados) en los últimos meses, pero no les importa'. De esa parte de la población no podemos esperar nada más. Nos queda un 10% - 20%. Si todos ellos se vuelven activos, el gobierno tiene un verdadero problema. Hay que agotar todas las posibilidades para detener esta política criminal.

Además, ese 20% debe desarrollar una nueva forma de vida, y aceptar que eso conlleva mucho más riesgo. El mayor problema es que no tenemos nuestro propio territorio cerrado (*una especie de "estado libre"*), así que tanto si vives en Alemania, Holanda, Francia, Italia o Inglaterra, serás perseguido. Alférez: "¿Hay entonces lugar para el optimismo?

'Todo lo que hace que la vida sea divertida lo han destruido estos supercriminales'

En el panorama general, no lo veo. No creo que podamos darle la vuelta a esto en uno o dos años'. Por lo tanto, cada uno debe ser y permanecer activo en su propio campo: médicos, científicos, publicistas, periodistas, etc. - ser y permanecer activos, y conectarse entre sí". Mies reitera su enorme sorpresa por la cooperación de las PYMES (hostelería, entretenimiento, eventos, deportes, turismo, comerciantes, etc.) con su propia destrucción. 'Todo lo que hace que la vida sea divertida lo han destruido estos superdelincuentes'.

Decenas de miles de empresas en quiebra, cientos de miles de personas en paro, ¿y todavía no hay resistencia? Sin embargo, sólo hacen falta 2 o 3 millones de personas decididas a ir a Berlín, y 'Merkel puede hacer las maletas entonces. Lo tendrá difícil para escapar. También nos desconcierta que tantas empresas se encierren, sólo porque la ministra lo dice. ¿Sabes por qué participan? Porque son estructuralmente conservadoras. La mayoría de las PYMES y también los autónomos nunca han sido personas rebeldes'. La obediencia automática al gobierno está en su sistema. Hasta la fecha, esto les impide rebelarse en masa.

Contactos cualitativos en lugar de traqueteo social

A pesar de la mala situación, hay algo muy positivo, y es que hemos llegado a conocer a personas afines y hemos podido establecer contacto con ellas a un nivel completamente diferente y de alta calidad. Ya no hablan de tonterías como lo hacían con los contactos antiguos y desfasados (la "cháchara social", es decir, los resultados del fútbol, los programas de televisión de ayer, las noticias sobre la gente de BN, el nuevo coche de alquiler, etc.). Eso es pura ganancia.

Sin embargo, existen grandes preocupaciones, como por ejemplo, sobre los próximos pasaportes de corona y de vacunación, que excluirán a las personas que no se hayan sometido a las pruebas y/o se hayan vacunado. Aun así, "cuanta más presión se ejerza sobre la población, mayor será la resistencia. Eso ya es así".

'La gente que se burla de los conspiranoicos ya no lee nada por sí misma'

Sólo podemos recomendar el último libro de Klaus Schwab sobre Covid-19 a la gente que dice eso. Todos los desarrollos distópicos están en él, incluyendo el control y la reducción de la población, las nuevas tecnologías, ID2020, todo está conectado, desde el principio hasta el final estás bajo control total. Si la gente sigue afirmando que nosotros somos los teóricos de la conspiración, sólo podemos decir que en la mente de esa gente no funciona nada en absoluto".

Stuurman también ve que la gente que habla de las teorías de la conspiración no ha leído y no sabe de qué se trata. Pero pueden leerlo ellos mismos de los ejecutores de esta conspiración real, como Klaus Schwab! No deberían ser tan perezosos! Eso es todo".

Tecnofascismo: el fin de la humanidad tal y como la conocemos

Lo que Schwab quiere, el Great Reset "es una especie de tecno-fascismo, una tiranía, una dictadura transhumanista. Quieren entrar en tu cuerpo. Es el nuevo régimen de beneficios, el nuevo capitalismo. Antes utilizaban tu fuerza de trabajo, ahora quieren entrar en ti. Quieren implantarte e inyectarte algo... Están conectando todo junto. Primero viene el 5G, luego el 6G, y luego sólo ver lo que pasa después. En el fondo, esto es tecnología militar".

Esto significa realmente el fin de la humanidad como especie tal y como es. Como especie autónoma tal y como la conocíamos, sí... Podemos hablar del fin de la humanidad tal y como la conocíamos. Quieren un ser híbrido, un tecno-monstruo, un ciborg, y creen que eso es genial. Entonces llaman a eso una mejora. Sí, para la policía, los servicios de seguridad y el ejército lo es, pero no para la humanidad". Lo que quieren es una especie de "cuadro de mandos" tecnocrático que lo abarque todo y con el que se pueda vigilar y controlar a todo el mundo, hasta el último hombre, mujer y niño. Ese es su plan, esa es exactamente su idea.

Para ver lo que está ocurriendo ahora, aconsejamos a todo el mundo que busque en Google a Albert Biedermann y su 'carta de coerción', que muestra exactamente cómo trabajan los actuales gobernantes para tenernos bajo control total, y también cómo mantener a los prisioneros de guerra bajo control. 'Y eso es exactamente como ahora: psicología manipuladora hasta el extremo absoluto'.

BIEDERMANN'S CHART OF COERCION

1. ISOLATION
2. EXHAUSTION + INDUCED DEBILITY
3. THREATS + INTIMIDATION
4. HUMILIATION + DEGRATION
5. DISTORTION
6. OMNIPOTENCE
7. INTERMITTENT REINFORCEMENT
8. ENFORCING TRIVIAL DEMANDS

Esto es terror, nos tratan como prisioneros de guerra".

El aislamiento, la monopolización de la percepción
(silenciando / ridiculizando todas las voces críticas),
aterrorizando y agotando psicológicamente a la gente
con el requisito del protector bucal, el distanciamiento
social, el toque de queda y las vacunas - todo esto se
hace a propósito, y por supuesto las altas sanciones y

las acciones duras contra los que no cumplen y/o protestan. ¿Sin protector bucal? Sanción. ¿Salir por la noche después de las diez? Castigo! Así que: TERROR".

Se está privando a la gente de utilizar la lógica", añade Stuurman. Ya no se permite a la gente pensar y juzgar por sí misma. Ya no se juzga nada; se les dice qué hacer y qué no hacer. Y cuando se sientan en su jaula como un conejo asustado, sólo se les sujeta una zanahoria. Y entonces el conejo asustado dice: oh, no es tan malo, ¿verdad? Realmente tienen nuestros mejores intereses en el corazón, ¿no es así?

Esto no es más que la "domesticación" de la población. 'Nos tratan como prisioneros de guerra, ya no como seres humanos. Hay que someterse. Esto es un cautiverio abierto'. Al mismo tiempo, las víctimas son convertidas en dependientes de los perpetradores (Síndrome de Estocolmo), y por la noche, frente al televisor, se aferran a los labios de quienes les hacen todo esto.

No te involucres más en la sociedad moderna; construye nuevas comunidades

Hay esperanza, pero sólo 'si dejas de participar. Ignora las órdenes en la medida de lo posible', pero no tienes que convertirte en un mártir, por ejemplo que invadan tu casa. 'Y muy importante: haz nuevas amistades, y si tenemos que reunirnos en el bosque o en un sótano, que así sea. '

'Intenta establecer nuevas comunidades y nuevos pueblos. Salgan de las grandes ciudades, de todas formas están rotas. Y, en la medida de lo posible, volver a las tecnologías analógicas'. Así que, internet sólo cuando sea necesario, y siempre lo último en smartphones y aplicaciones es absolutamente innecesario (especialmente no la aplicación corona).

'Por lo tanto, obtener la máxima independencia del sistema'.

El Estado-nación, la libertad y tu voz están siendo completamente destruidos" - "Sólo la resistencia masiva puede detener esta agenda antihumana, que ya se está aplicando

Café Weltschmerz ha publicado una entrevista con un reconocido experto norteamericano sobre la Agenda 21, que puede resumirse como una toma de poder que acabará colocando al mundo entero bajo una dictadura comunista tecnocrática, en la que los individuos y los pueblos no tendrán nada que decir, ni siquiera sobre su propia salud y sus vidas. Con el engaño de la pandemia del miedo de Covid-19, ha comenzado la siguiente fase de este golpe de facto contra nuestra libertad, democracia y derecho a la autodeterminación. Por eso, el Café Weltschmerz no pone debajo "La agenda oculta detrás de la destrucción de nuestra sociedad" por nada, una destrucción que también están llevando a cabo deliberadamente los gobiernos del mundo.

El periodista independiente Spiro Kouras (Activist Post) entrevistó a la directora ejecutiva del Instituto Post Sostenibilidad, Rosa Koire, una experta en el uso de la tierra y los derechos de propiedad que ha dado discursos por todo el mundo. Su trabajo se puede encontrar en el sitio web Demócratas Unidos contra la Agenda 21 de la ONU, un sitio web al que no se podía acceder en el momento de escribir este artículo.

Koire es también autor del libro "Behind the Green Mask - UN Agenda 21". La Agenda 21 fue firmada por 178 países y el

Vaticano en 1992. Con esta agenda, una élite de poder globalista quiere obtener el control total de toda la tierra, el agua, la vegetación, los minerales, la construcción, los medios de producción, los alimentos y la energía. La aplicación de la ley, la educación, la información y las propias personas también deben quedar bajo este control total.

Agenda 2030: paso intermedio en la destrucción del Estado-nación y la libertad

Además, hay que trasladar grandes sumas de "dinero" de los países desarrollados a los menos desarrollados. En última instancia, se trata de destruir su capacidad de tener una voz, un gobierno representativo". Los gobiernos nacionales se convierten en administraciones. 'Se está destruyendo por completo tu capacidad de ser libre e independiente. El objetivo es transferir el poder de las personas locales e individuales a un sistema global de gobierno... Es un plan para desbaratar y destruir el sistema existente. Es un plan de transformación y control, y eso es lo que estamos viviendo ahora'.

La Agenda 2030 es sólo un paso intermedio de la Agenda 21, al igual que 2020, 2025 y 2050. Para 2050, con la ayuda y el apoyo de grandes nombres globalistas como Ford, Rockefeller, Soros, Gates, Zuckerberg, Musk, el Papa, y por último, pero no menos importante, Rothschild, este pérfido plan debe ser completado. Para 2050, todos los estados-nación deben ser abolidos, y la población mundial concentrada en una serie de megaciudades que pueden abarcar estados y países enteros (al igual que los Países Bajos, junto con Bélgica y el Ruhr alemán, se convertirá en una gran ciudad).

'Esto está destinado a aplastar tu capacidad de controlar lo que te sucede. Es un plan global, pero se está aplicando localmente con diferentes nombres". Esto se hace deliberadamente para desviar la atención de la gente de los verdaderos objetivos.

En realidad, todo lo que se denomina "verde" y "desarrollo sostenible" está incluido en la Agenda 21. Esto incluye el "cambio climático", es decir, todos los acuerdos e iniciativas sobre el clima, y ciertamente Covid-19 . Una crisis global requiere una respuesta global", es su idea. Y eso justifica una gobernanza global".

El cambio climático y la corona p(l)andémica "están diseñados para que la gente entre en pánico, tan grave que literalmente temes no sobrevivir". Según Koire, ni siquiera es relevante si realmente existe una crisis climática. Funciona tan bien, que se habría inventado de todos modos (de hecho, se ha inventado, concebido, a principios de los años 90, lo que está literalmente escrito en los documentos de la ONU).

El "Gran Reinicio (Verde)

Skouras señala entonces el "Gran Reajuste (Verde)" lanzado en el Foro Económico Mundial de Davos. Koire responde que "no quiere ser alarmista", pero que le preocupa mucho que este "reseteo" se esté llevando a cabo sin tener en cuenta el coste para las personas y la sociedad. Sin embargo, se están quedando detrás de su máscara verde, porque una vez que ésta se quita, salen las botas y las trincheras de los soldados". Literalmente. Ver también nuestro artículo del 4 de diciembre de 2019: 'La ONU puede usar la fuerza militar contra los países que se nieguen a la agenda climática' (/ 'La ONU puede meter medidas extremas en la garganta de los pueblos' - Los participantes en la conferencia climática de Madrid quieren acuerdos duros para acabar con la prosperidad y la libertad en Europa).

Hemos llegado a un punto en el que a los gobernantes apenas les importan las objeciones y preocupaciones de la gente. Es una especie de mensaje de ellos hacia nosotros, de que ya no les importamos realmente". Parece que ya no hay mucho que podamos hacer al respecto, pero Koire cree que aún es posible.

La tecnología ha avanzado hasta el punto de que dos grandes objetivos, la vida eterna y el poder crear la vida uno mismo, se han acercado mucho. Esta gente no tiene límites éticos, y eso es muy preocupante. Lo vimos con los nazis, con Stalin y ahora. No hay literalmente nada que detenga a esta gente'.

Todo y todos estarán conectados digitalmente

En la "cuarta revolución industrial" que han puesto en marcha, todo y todos estarán conectados digitalmente. Se habla de un nuevo contrato social. Bueno, en un contrato, normalmente ambas partes tienen algo que decir al respecto. Pero este es un contrato en el que ninguno de nosotros puede opinar... Esta es una de las razones por las que vemos toda esta histeria en las calles. Es porque es una lección, una comunicación para nosotros: esto es lo que os pasa si salís a la calle y os atrevéis a enfrentaros a nuestro plan".

La gente me pregunta: ¿quién nos está haciendo esto? Es vuestro gobierno. Su gobierno ha sido tomado". Con la ayuda de grupos y movimientos como Antifa y Black Lives Matter, se está intentando provocar un levantamiento. Estamos bajo ataque'. Esta fue la razón por la que Koire dio la espalda al Partido Demócrata. 'Pero los partidos son sólo una distracción. En la cima, el poder no conoce partidos. En esta toma de poder globalista, se están utilizando todos los medios posibles. El plan es perturbar y desbaratar, y eso es lo que todo el mundo está viendo ahora. Este es el plan para destruir la cohesión social, y eso tiene mucho éxito".

Califica la situación actual de 'extremadamente peligrosa' porque este plan está apoyado por universidades, fundaciones, empresas y organismos gubernamentales. 'Todas estas partes han sido adoctrinadas, desde el jardín de infancia hasta la educación universitaria. Estos son los 'agentes del cambio' que se han activado'.

Transformación" = demolición del individuo

La palabra mágica más utilizada es "transformación", tanto de la educación como de la economía, la policía y la sociedad. En realidad, la transformación consiste en la ruptura del individuo, de su alianza con cualquier sistema "antiguo", como su familia, sus "viejos" pensamientos o su fe... Se trata de una técnica psicológica que realmente rompe tu personalidad, y luego la reconstruye (según sus nuevas normas)".

El término "racismo institucional", también utilizado por el Gobierno europeo, es "sólo una excusa para destruir literalmente tu mente". Mao Zedong lo utilizó, Sung lo utilizó y los nazis también. Es una técnica mediante la cual se descompone tu personalidad, para reconstruirte como el nuevo ser humano, el nuevo ciudadano del mundo".

El humano debe fusionarse con la I.A.

En este proceso también entra en juego la I.A. (inteligencia artificial). Viene una fuerza policial (global) de I.A., no formada por humanos. Además, en algún momento los drones dejarán de estar controlados por humanos, sino por la I.A. 'No hace falta que explique que entonces se produce una situación realmente peligrosa'. Nueva Zelanda acaba de lanzar oficialmente su primer policía con Inteligencia Artificial, y en Singapur ya utilizan robots inteligentes para imponer el distanciamiento social.

Skouras: "Se trata esencialmente de una agenda antihumanitaria, en la que quieren fusionar al ser humano con la máquina (IA)".

Según las medidas de Covid-19, todo el mundo ha sido declarado enemigo potencial de los demás. La idea es que ya no confíes ni siquiera en tus familiares y amigos más cercanos. Al mismo tiempo, también se está degradando nuestra salud, lo que, según Koire, es una parte muy importante del plan Agenda 21. Este es el plan para inventariar y controlar todo, incluido tu ADN (de ahí la insistencia del gobierno en que el mayor número posible de personas se someta a la prueba del Covid-19, lo que permitirá tomar tu ADN y almacenarlo inmediatamente)".

Con tu "estatus de crédito social", como en China y pronto en EEUU y Europa, tienes que "demostrar" que eres un ciudadano leal y obediente que es "digno" de seguir viviendo en el nuevo orden. El sistema, por supuesto, lleva tiempo haciendo esto favoreciendo a ciertas personas con talento, que luego el resto tiene que pagar. El sistema chino se va a extender por todo el planeta.

Vacuna de despoblación

"Los chinos también acordaron en los años 90 trabajar con EE.UU. en una vacuna de despoblación". ¿Lo llevaron a cabo? ¿Existe ahora esa vacuna, y se está "vendiendo" a la humanidad bajo un nombre diferente (quizás una vacuna Covid-19?)? En cualquier caso, "la despoblación es una parte esencial del plan". Si se determina que no tienes suficiente valor, y/o estás ocupando demasiado espacio, usando demasiada energía, demasiada agua, demasiada tierra, entonces debes ser 'aislado' y reubicado.

La gran mayoría de la humanidad se verá obligada a vivir en megaciudades ("multiculturales"), donde cada aspecto de nuestras vidas será controlado y gestionado 24/7/365. Este plan te quitará literalmente toda la libertad. Y no se trata de un plan para el futuro, sino que es algo que ya está ocurriendo ahora mismo. Por lo tanto, esto no es sólo en 2030 o 2050. 2020 es realmente un año muy importante. Muchos de estos planes se están aplicando ahora a nivel regional".

El Dr. Mike Yeadon, ex vicepresidente de Pfizer, dijo en una entrevista con la Fundación Corona Ausschuss de Alemania hace poco menos de dos semanas: "Hemos sido engañados masivamente por nuestros líderes y sus asesores. Lo que voy a contar va a sorprender a todo el mundo". Yeadon advirtió que la constante "recarga" de vacunas Corona, como parece ser la intención ahora (la "suscripción de vacunas", como la llamamos en su día el año pasado) no sólo es totalmente innecesaria, sino que pone en peligro la vida, porque todas estas vacunas no pasarán por el proceso normal de aprobación. 'Se inyectarán secuencias genéticas directamente en los brazos de cientos de millones de personas... Esto podría causar lesiones graves y la muerte en una proporción significativa de la población mundial".

El inmunólogo y experto en órganos respiratorios Yeadon - que, por cierto, lleva unos 10 años alejado de Pfizer- dijo que el "gran número de muertes" tras las vacunas corona "no es una coincidencia". Calificó de "arrogante" por parte de los fabricantes de vacunas el hecho de suponer que estas nuevas vacunas, que instruyen al organismo para que produzca una proteína en forma de pico del virus de la corona, no causarían grandes problemas, porque los estudios científicos ya habían demostrado el peligro de que esta tecnología provocara una respuesta (auto)inmune demasiado fuerte en muchas personas, lo que podría hacerlas enfermar gravemente o incluso matarlas. Los últimos tres meses han demostrado que efectivamente es así.

Todas estas vacunas genéticas (Pfizer-AstraZeneca-Moderna) representan un riesgo de seguridad fundamental para la población", advirtió.

Debido a la mala conexión, el Dr. Reiner Füllmich, uno de los responsables del comité alemán, resumió lo que había dicho. 'Según el Dr. Yeadon, lo que está ocurriendo ahora es un crimen muy grave, cometido por 'malos actores', nuestra propia élite política y autoproclamada 'científica'... La proteína de la espiga es biológicamente activa, y es precisamente replicada por las vacunas. Esto provoca una reacción autoinmune, como una tormenta de citoquinas. Varios miles de personas ya han muerto por esta causa en Europa. En Israel, incluso 40 veces más personas mayores de

80 años y 260 veces más jóvenes han muerto ya por la vacuna que por la Covid-19. De todos los demás países recibimos informes similares".

'Todas las vacunas estimulan a tu cuerpo para que produzca esa proteína de punta, y eso no es algo bueno para ti... Es biológicamente activa, inicia procesos biológicos y hace que ciertas funciones corporales se vean totalmente alteradas o incluso destruidas', repitió Yeadon.

Los efectos de las vacunas pueden aparecer después de días, semanas, meses o incluso años

Depende del sistema inmunitario de la persona y de la reacción de sus células a las instrucciones genéticas el que estos efectos se produzcan inmediatamente, a corto plazo, o sólo a medio o largo plazo. Por lo tanto, las personas que se vacunan ahora y dicen que "no pasará nada" no están seguras. Los efectos pueden producirse mañana, el mes que viene, el año que viene o incluso al cabo de unos años. Si yo fuera una institución (médica), dejaría de suministrar estas vacunas", subrayó Yeadon.

Mientras tanto, decenas de millones de europeos y más de 100 millones de estadounidenses ya han sido inyectados con ellas, y no parece que los políticos vayan a considerar siquiera si estas "vacunas" empaquetadas como ingeniería genética son realmente tan "seguras" como afirman los fabricantes.

A continuación, el Dr. Füllmich reiteró las palabras de Yeadon de que las "vacunas" que se dispensan ahora no son en realidad vacunas, sino "algo completamente diferente. Sólo se clasifica como vacuna porque se utiliza como tal". Sin embargo, no son vacunas, sino sustancias que equivalen a una terapia genética, a una manipulación genética. Lo peor es que un gran número de efectos secundarios (graves) pueden no estar relacionados con estas sustancias, precisamente porque se utilizan falsamente como "vacunas".

El primer paso es la concienciación, el segundo: actuar".

¿Aún podemos detener esto? La concienciación es el primer paso de la resistencia", dice Koire. La acción es el segundo paso". La gente tiene que entender que ahora estamos condicionados a permanecer pasivos, y a pensar que si pulsamos "me gusta" en las redes sociales, somos políticamente activos. Pero no eres un activista político si no sales de tu casa'. De ahí todos estos cierres y distanciamientos sociales - quieren declarar ilegal e imposible de antemano la oposición masiva a este plan de demolición y control total de la Agenda 21.

'Y no digas que tu gobierno es tan malo que no puedes hacer nada al respecto. Seguro que lo parece, pero es porque has dejado que llegue hasta aquí. No mejorará si dejas que esto continúe. Por eso creemos que realmente necesitas "ocupar" tu gobierno (ocupar, también "tomar", "ocupar" u "ocupar"). Ser tu gobierno. Sí, estamos en el Juego Final, y no queda mucho tiempo. Así que deberías haber hecho esto hace tiempo".

La gente tiene que empezar a reconocer la Agenda 21, incluso en su propia localidad y región. Plantea el tema en tu ayuntamiento. Habla continuamente con los representantes del pueblo sobre ello. Probablemente todos los puntos del orden del día de tu ayuntamiento estén relacionados con la Agenda 21". Aconseja a la gente que consulte su página web y lea su libro para que "descubras cómo manipulan la opinión pública, para que no les causes problemas. Quieren que te quedes en casa en tu silla'.

Así que actúa, habla con la gente y los funcionarios, reparte folletos, comparte vídeos, escribe y publica sobre ello. Porque ya no basta con saber que esto ocurre, sin hacer nada al respecto. Hay que volverse políticamente activo y estar preparado para no asumir todo de inmediato'. Por ejemplo, quieren empezar a sustituir la realidad por la RV (realidad virtual), porque haría la vida mucho más divertida. 'Pero en cuanto empiezas a hacer eso, tu vida se acaba. Así que hay que resistirse'.

No crea en Wikipedia, la Agenda-21 es una agenda antihumana

'Dondequiera que trabajes, dondequiera que estés, habla de esto'. A mucha gente no le gustará eso, y no le gustará (más). Pero que así sea, porque este plan es real, y se está aplicando ahora mismo, nos guste o no. La 'Agenda 21' NO es lo que dice la Wikipedia. NO es voluntaria, y no es 'no vinculante'. Para ti, este plan es obligatorio.... Así que luchemos juntos contra esto. Todos debemos oponernos".

Lo venden como algo que mejorará y salvará el mundo, el clima, el medio ambiente. Pero (la Agenda 21 / 2030) es una agenda antihumana que se está aplicando ahora mismo. No queremos seguir ese camino oscuro, ese camino hacia la tiranía".

Nuestros otros libros

Consulte nuestros otros libros para ver otras noticias no divulgadas, hechos expuestos y verdades desacreditadas, y mucho más.

Únase al exclusivo Círculo de Medios de Comunicación de Rebel Press.

Todos los viernes recibirás en tu bandeja de entrada nuevas actualizaciones sobre la realidad no denunciada.

Inscríbase hoy aquí:

https://campsite.bio/rebelpressmedia